Tostadas con mermelada

Escrito en español por Pat Almada

Ana come recostada

aunque es un poco descuidada.

Labels visible in illustration: Miel, Cereal de Avena, Mermelada

Come tostadas con mermelada

la muy despreocupada.

Come y habla encantada.

Pero más tarde...

se duerme muy cansada.